BEI GRIN MACHT SICH IHR
WISSEN BEZAHLT

- Wir veröffentlichen Ihre Hausarbeit,
  Bachelor- und Masterarbeit

- Ihr eigenes eBook und Buch -
  weltweit in allen wichtigen Shops

- Verdienen Sie an jedem Verkauf

**Jetzt bei www.GRIN.com hochladen
und kostenlos publizieren**

G R I N ☺

Hans-Jürgen Borchardt

Franchising - Die Vor- und Nachteile

Wie Klippen und Fallen vermieden werden

GRIN Verlag

Bibliografische Information der Deutschen Nationalbibliothek:

Die Deutsche Bibliothek verzeichnet diese Publikation in der Deutschen National-
bibliografie; detaillierte bibliografische Daten sind im Internet über http://dnb.d-
nb.de/ abrufbar.

Impressum:

Copyright © 2011 GRIN Verlag, Open Publishing GmbH
Druck und Bindung: Books on Demand GmbH, Norderstedt Germany
ISBN: 978-3-656-46619-2

Dieses Buch bei GRIN:

http://www.grin.com/de/e-book/164133/franchising-die-vor-und-nachteile

GRIN - Your knowledge has value

Der GRIN Verlag publiziert seit 1998 wissenschaftliche Arbeiten von Studenten, Hochschullehrern und anderen Akademikern als eBook und gedrucktes Buch. Die Verlagswebsite www.grin.com ist die ideale Plattform zur Veröffentlichung von Hausarbeiten, Abschlussarbeiten, wissenschaftlichen Aufsätzen, Dissertationen und Fachbüchern.

Besuchen Sie uns im Internet:

http://www.grin.com/

http://www.facebook.com/grincom

http://www.twitter.com/grin_com

Franchising. Die Vor- und Nachteile im Überblick

Teil I   Notwendiges Basiswissen

Was ist Franchising?
Die Definition von „Der Deutsche-Franchise-Verband e.V." (www.franchiseverband.com) ist extrem umfangreich. Deshalb hier eine Kurzversion:

„Franchising ist ein Vertriebssystem mit rechtlich selbständigen Unternehmern, bestehend aus dem Franchisegeber und dem Franchisenehmer. Der Franchisegeber stellt die Geschäftsidee und sein Wissen –zum Teil in konkreten Vorgaben und Vorleistungen- für die Realisierung gegen Entgelt zur Verfügung. Der Franchisenehmer übernimmt diese Vorleistungen und setzt sie –ergänzt durch seine eigenen Leistungen- um."

Auf dem Portal des Verbandes gibt es im Prinzip alle Informationen die Franchisegeber und –nehmer benötigen, wenn sie sich mit dem Thema beschäftigen. Außerdem können zusätzliche Informationen direkt abgerufen oder gegen Portogebühren bestellt werden. Besonders interessant der „Informationsflyer Ethikkodex". Hier sind u. a. 57 Fragen aufgeführt, die ein zukünftiger Franchisenehmer an den Geber stellen sollte, um die Qualität des Angebotes, der Zusammenarbeit und des Vertrages zu prüfen.

Im Franchising wird unterschieden nach Dienstleistungsfranchising, Vertriebsfranchising und Produktfranchising.

Das **Dienstleistungsfranchising** ist mit einem Anteil von rd. 50% die am weitesten verbreitete Form. Am bekanntesten ist z. B. die Fast-Food Kette Mac Donald. Zunehmend werden aber auch reine Beratungsleistungen per Franchising vermarktet. Die Franchiseangebote bieten Beratungskonzepte für Existenzgründer von der Anlagen- bis zur Werbeberatung. Hier sollte Interessenten besonders vorsichtig sein, weil manchmal nur dicke Handbücher „verkauft" werden.

Vertriebs- und Dienstleistungs**franchising** sind nicht immer überschneidungsfrei. Die Baumarktkette OBI wird bspw. dem Vertriebsfranchising zugerechnet. Wie beim Dienstleistungsfranchising trägt die Verkaufsstätte immer den Namen des Franchisegebers, damit die zentrale Werbung für sämtliche Franchisenehmer wirkt.

Produktfranchising müsste eigentlich Produktionsfranchising heißen, weil hier der Franchisegeber sein Herstellungs-Know-how weiter gibt. Das bekannteste Produktfranchising ist Coca Cola, die ihr Know-how an selbständige Abfüllstationen weiter gibt.

Außerdem gibt es noch das **Master-Franchise**. Von einem Master-Franchise spricht man, wenn ein Franchisenehmer die Lizenz eines ausländischen Franchise-Unternehmens kauft und auf dem heimischen Markt regional oder national importiert. Er tritt dann als Franchisegeber auf.

Was von Franchisenehmern zu beachten ist
Für das Franchising gibt es in Deutschland keine rechtlichen Vorgaben. Deshalb gibt es auch in diesem Bereich (viele) schwarze Schafe. So ist generell Vorsicht geboten. Wer auf der sicheren Seite stehen will, sollte auf jeden Fall darauf achten, dass der Franchisegeber Mitglied in „Der Deutsche-Franchise-Verband e.V." ist und dessen Ethikkodex dem Franchisenehmer gegenüber schriftlich anerkennt.

Weil jeder Franchisegeber seine Leistungen grundsätzlich nach eigenem Ermessen festlegen kann, gibt es auch keine einheitlichen Verträge. Daher ist es für Franchisenehmer grundsätzlich sinnvoll einen Rechtsanwalt einschalten, der den Vertrag auf „Herz und Nieren" prüft. Es ist besser vorher einen geringen Betrag für die Prüfung des Vertrages auszugeben, als später ein vielfaches, weil man eine Klausel falsch gedeutet hat. Gut ist es, wenn das Angebot des Franchisegebers das Prüfsiegel des des Verbandes hat. Das Prüfsiegel sagt aus, dass das Angebot dem Ethikkodex entspricht.

Ebenso wichtig ist auch, dass die „Qualität" des Franchiseangebots geprüft wird. Wenn die Geschäftsidee des Franchisegebers keine erkennbare Alleinstellung besitzt, ist immer Vorsicht geboten.

Ferner sollte auch darauf geachtet werden, dass sich das Geschäftskonzept des Franchisegebers bereits bewährt hat. Neu startende Angebote oder Angebote, die sich nicht über 2-3 Jahre als erfolgreich bewährt haben, sollten zwar nicht generell abgelehnt werden, sind aber mit „Vorsicht" zu behandeln.

Die Kosten
Die Leistungen des Franchisegebers müssen vom Franchisingnehmer bezahlt werden. Die Kosten für den Nehmer bestehen aus den Einmal-/Eintrittsgebühren und aus den laufenden Gebühren, die im Normalfall monatlich gezahlt werden müssen. Da jeder Geber die Gebühren nach eigenem Ermessen festlegen kann, ist es sinnvoll, diese bei den verschiedenen Anbietern -mit gleichen oder ähnlichen Angeboten- sorgfältig zu vergleichen. Da die Leistungen der Geber sehr unterschiedlich sind, bestehen hier gravierende Preis-Leistungsunterschiede.

Das Internet bietet Hilfe
Wie bei jeder Existenzgründung ist es auch hier sinnvoll, sich im Internet vorab umfassend zu informieren. So finden Sie unter der Internetadresse des Fachverbandes zusätzlich umfassende Literatur- und Beratungsangebote. Auch werden dort Erstberatungen für 180,00 € für 2 Stunden von vielen spezialisierten Rechtsanwaltskanzleien angeboten.

Ferner sind am Ende dieses Beitrages die wichtigsten Internetadressen zu diesem Thema aufgeführt, damit Sie sich, je nach Interesse, informieren können. Wer noch nicht genau weiß was er will, kann dort z. B. die unterschiedlichen Angebote der verschiedenen Franchisegeber kennen lernen. Es gibt Angebote aus über 30 Branchen, von „A" wie Auto bis „W" wie Werbung.

Voraussetzungen, die man selbst mitbringen sollte
Existenzgründer, egal welcher Art, sollten sich vor ihrer enggültigen Entscheidung immer erst folgende Fragen stellen:

* Sind mein Wissen und meine Kompetenz ausreichend für die Geschäftsidee?
* Entspricht die Geschäftsidee meinen persönlichen Interessen und Neigungen?
* Reichen meine finanziellen Mittel aus?
  Wenn nein, gibt es für mein Projekt Fördermittel?
  Wenn ja, sind die Fördermittel ausreichend?
* Ist meine Familie, mein privates Umfeld bereit, mich (vorbehaltlos) zu unterstützen?
* Bin ich teamfähig?
* Kenne ich Markt und Wettbewerb ausreichend?
* Bin ich von den Alleinstellungsmerkmalen wirklich überzeugt?
* Bin ich bereit, in der Gründungsphase notfalls auch „rund um die Uhr" zu arbeiten?

Wenn Sie diese Fragen mit ja beantworten können, sind Sie auf dem richtigen Weg. Wenn nicht, stellen Sie noch einmal alles auf den Prüfstand.

Teil II   Die Vor- und Nachteile im Überblick

II a Die Vorteile des Franchisenehmers
Generell kann davon ausgegangen werden, dass bewährte Franchisekonzepte ein hohes
Maß an Sicherheit bei der Existenzgründung bieten. Der entscheidende Vorteil für den
Franchisenehmer ist die deutliche Minderung des Risikos, weil er auf den Erfahrungen des
Franchisegebers und –wenn vorhanden- den bereits vorhandenen Franchisenehmern
aufgebauen kann. Im Einzelnen:

- Deutlich verringertes Risiko gegenüber der „normalen" Existenzgründung.
- Geringerer Finanzbedarf.
- Leichtere Kreditzusagen von den Banken.
- Beratung bei der Wahl des Standortes.
- Aktive Hilfe und Unterstützung beim Geschäftsaufbau.
- Unterstützung bei der Einrichtung und Gestaltung der Geschäftseinrichtung.
- (Fach-)Ausbildung durch den Franchisegeber.
- Ausbildung der Mitarbeiter durch den Geber.
- Ständige Weiter- und Fortbildung durch den Geber.
- Im Normalfall umfangreiches und detailliertes Handbuch mit
  Handlungsanweisungen für viele Geschäftsvorfälle.
- Deutlich kürzere Vorlauf- bzw. Planungszeiten für die Geschäftsgründung.
- Das Know-how für den Geschäftsaufbau und die Geschäftsführung wird geliefert.
- Testphase entfällt, weil sich das Geschäftskonzept bereits bewährt hat.
- Praxiserprobte Arbeitsabläufe.
- Permanente Aktualisierung der wichtigsten betriebswirtschaftlichen Daten.
- Durch Betriebsvergleiche Kontrolle der eigenen Effizienz.
- Erleichterung der „Verwaltungsaufgaben".
- Reduzierung der betriebswirtschaftlichen Arbeiten.
- Bessere Einkaufsbedingungen.
- Im Normalfall Gebietsschutz.
- Der größte Teil der Marketingleistungen wird gestellt.
- Wenn die Marke bereits in der Region bekannt ist, vom Start an ein positives
  Image.
- Partizipation an überregionalen Werbemaßnahmen.

Die aufgeführten Leistungen gelten nicht für alle Franchisenehmer, sondern sind
abhängig von der Branche und dem jeweiligen Vertrag.

II b Die Nachteile des Franchisenehmers
Nur Vorteile gibt es nicht, und so gibt es für den Franchisenehmer auch Bedingungen, die
nachteilig sind. Dazu gehören:

- Einschränkung der Selbständigkeit, je nach Vertrag von gering bis erheblich.
- Lange vertragliche Bindung, oft fünf Jahre.
- Monatliche Zahlungen, bezogen auf den Umsatz. Manchmal extrem hoch.
- Hohes Risiko, wenn Abnahmeverpflichtungen vereinbart werden.
- Keine Garantie über die Qualität der verschiedenen Hilfen und Unterstützungen.
- Das unternehmerische Risiko verbleibt beim Franchisenehmer.

II c Die Vorteile des Franchisegebers
Franchising ist für beide Vertragspartner eine Win-Win Situation, wenn die Bedingungen
stimmen. So ergeben sich auch für den Franchisegeber deutliche Vorteile, z. B.:

- Hohe Rendite, wenn sich das Geschäftskonzept gut vermarkten lässt.
- Monatliche Einnahmen durch Umsatzbeteiligung.
- Schnelle (nationale/internationale) Vermarktung mit geringem Risiko.
- Keine Investitionen in eigene Filialen oder Niederlassungen.

- Kein Risiko durch die (langfristige) Anmietung von Geschäftsräumen.
- Keine Risiken durch eigenes Personal.
- Nimmt selbst an den verbesserten Konditionen bei größeren Einkaufsmengen teil.

II d Die Nachteile des Franchisegebers

Den Vorteilen, die der Franchisegeber besitzt, stehen auch einige Nachteile gegenüber. Das sind u. a.:

- Hoher Kontrollaufwand, um die Einheit und Identität des Konzeptes sicher zu stellen.
- Bei Veränderungen Einbindung der Franchisenehmer.
- Verlust des direkten Kundenkontaktes außerhalb seines eigenen Einzugsgebietes.
- Verpflichtung zu permanenter Effizienzverbesserung und deren Weitergabe in Form von Weiterbildungsangeboten etc.

Fazit

Grundsätzlich ist die Übernahme eines erfolgreichen Geschäftskonzeptes mittels Franchising eine gute Alternative zur „normalen" Selbständigkeit. Da aber auch hier viele Klippen und Fallen vorhanden sind, sollte man nach dem Sprichwort verfahren: „Drum prüfe wer sich ewig bindet", denn wenn der Vertrag erst einmal unterschrieben ist, wird es immer (extrem) teuer, wenn man diesen wieder aufkündigen will.

Nachtrag

Wer weitere, detaillierte Informationen und konkrete Angebote wünscht, kann sich, neben dem Verbandsportal, auf folgenden Seiten umsehen:
www.franchiseportal.de (mit Newsletter)
www.franchise.de
www.franchise-net.de
www.franchise.at
www.franchiseverband.ch

Hans-Jürgen Borchardt
Dezember 2010